Sieglinde Holl
Roswitha Oehler

# Servietten falten
## Das neue Ideenbuch
Einfache bis aufwändige Faltideen, Serviettenringe & mehr

# INHALTSVERZEICHNIS

3 **VORWORT**

4 **ALLGEMEINE ANLEITUNG**

6 **EINFACHE FALTUNGEN**
6 Geschlungener Palmwedel
8 Einfacher Fächer mit Quaste
10 Geknickter Fächer
12 Stehender Fächer
14 Tafelspitz
16 Mütze mit Umschlag
18 Spitzhut
20 Lilie
22 Knoten
24 Flöte
26 Schleife
28 Bestecktasche

30 **FESTLICHE FALTUNGEN**
30 Lotosblüte
32 Pfau
34 Stern
36 Hut mit Katzengras
38 Krone
40 Dschunke
42 Serviettentasche

44 **SCHÖNER EINLADEN: TISCHLEIN DECK DICH**

46 **RAFFINIERT IN FORM**
46 Herz
48 Hase
50 Serviettenschiffchen
52 Schwan
54 Hemd und Smoking
56 Fisch
58 Stiefel
60 Oh, Tannenbaum

62 **MIT DEM GEWISSEN ETWAS**
62 Orientalischer Perlen-Serviettenring
64 Im Japanstil
66 Mit Lederpapier
68 Edel geprägt
70 Für Romantiker
72 Süße Überraschung
74 Duftig-zarter Schmetterling
76 Serviettentasche aus Filz

78 **VORLAGEN**

80 **IMPRESSUM**

# Servietten falten

Kaum etwas peppt einen schön gedeckten Tisch schneller auf als eine raffiniert gefaltete Serviette. Damit zaubern Sie im Handumdrehen einen Blickfang auf jede Festtafel.

Ob einfach und wirkungsvoll oder raffiniert und beeindruckend gefaltet, figürlich geformt oder mit dem gewissen Etwas – hier finden Sie bestimmt die passende Serviettenfaltung für Ihren Anlass! Neben den klassischen Serviettenfaltungen und neuen Faltideen gibt es auch Anregungen zu selbst gemachten Serviettenringen & mehr. Kurz: Das perfekte Nachschlagewerk für engagierte Gastgeber!

Dank der genauen Faltzeichnungen und wertvollen Tipps gelingen auch kompliziert anmutende Serviettenfaltungen schnell und einfach und lassen Ihnen noch genügend Zeit für weitere Fest-Vorbereitungen.

Viel Spaß beim Feiern und guten Appetit!

## Schwierigkeitsgrad

◯ einfache Faltung
◯◯ etwas schwierigere Faltung
◯◯◯ anspruchsvolle Faltung

## Tipps

Sie finden in diesem Buch zahlreiche Tipps und Tricks, damit Ihnen das Servietten falten noch mehr Spaß macht. Orientieren Sie sich bitte an den folgenden Symbolen:

### Falt-Tipp

Oft sind es nur ein paar kleine Handgriffe, die das Arbeiten leichter machen. Diese Kniffe verraten wir Ihnen bei den Falt-Tipps.

### Variations-Tipp

Das Modell sieht auch in einer anderen Farbe oder mit anderen Materialien toll aus? Bei den Variations-Tipps finden Sie Vorschläge, wie Sie die Faltung abändern können.

### Anwendungs-Tipp

Sie suchen ein Modell, das z. B. gut als Geschenk geeignet ist, oder Sie überlegen, wie und wofür Sie das Modell hinterher verwenden können? Dann helfen Ihnen die Anwendungs-Tipps weiter.

### Einkaufs-Tipp

Wo bekomme ich was? Die Einkaufs-Tipps verraten, wo Sie am besten bestimmte Materialien einkaufen, damit Sie nicht stundenlang in verschiedenen Geschäften danach suchen müssen.

### Spar-Tipp

Damit Sie noch genügend Geld für die anderen schönen Dinge des Lebens übrig behalten, zeigen wir Ihnen bei den Spar-Tipps Tricks und Möglichkeiten auf, die den Geldbeutel lachen lassen.

# Kleine Serviettenkunde

Servietten gibt es aus unterschiedlichen Materialien und in vielen verschiedenen Farben und Mustern zu kaufen.

## Papierservietten

Papierservietten sind recht günstig und in einer großen Farb- und Musterauswahl im Handel zu haben. Allerdings eignen sie sich aufgrund ihrer Größe – Standard-Papierservietten sind nur 33 cm x 33 cm groß – nicht für alle Faltungen.

## Vliesservietten

Vliesservietten sind ein guter Ersatz für Stoffservietten, weil sie ebenfalls relativ stabil sind und schön zu greifen. Sie sind in der Regel 40,5 cm x 40,5 cm groß und haben teilweise Muster aufgedruckt. Sie können bei schwacher Hitze gebügelt werden.

## Stoffservietten

Stoffservietten sehen besonders edel und festlich aus. Meistens handelt es sich hierbei um Baumwollservietten. Die zweckmäßigste Größe ist 50 cm x 50 cm, es können aber auch Stoffservietten in der Größe 40 cm x 40 cm verwendet werden.
Für die Faltungen ist es wichtig, dass die Stoffservietten gut gestärkt sind. Beim Falten von gestärkten Servietten entsteht ein Geräusch, deshalb spricht man auch vom „Servietten brechen".
Die Knicke sollten festgeklopft oder festgeschlagen werden, damit die Serviette die gewünschte Form behält.
Frisch gewaschene Stoffservietten sollten nicht zusammengelegt aufbewahrt werden, um unerwünschte Knicke zu vermeiden, die hinterher beim Falten stören könnten.
Beim Bügeln oder Mangeln sollte man darauf achten, dass die Stoffservietten nicht verzogen werden, damit man exakt quadratische Servietten hat, denn diese sind die beste Voraussetzung für eine gelungene Faltung.

### Falt-Tipp

Manche Papier- und Vliesservietten werden unter Wärme vom Hersteller schon vorgefaltet geliefert. Da diese Knicke schlecht zu entfernen sind, ist es besser, damit Faltungen zu machen, in denen diese Knicke sowieso schon in der Faltung vorkommen.

# ALLGEMEINE ANLEITUNG

# So geht es

## Vorlagen übertragen

**1** Das Motiv zuerst auf normales Transparentpapier abpausen und ausschneiden.

**2** Dann die Transparentpapier-Schablone auf den gewünschten Untergrund (hier z. B. farbiges, gemustertes Transparentpapier) auflegen, die Umrisse mit Bleistift nachziehen und das Motiv ausschneiden.

### Bastel-Tipp

Wenn Sie ein Motiv sehr häufig ausschneiden wollen (z. B. wenn Sie es für eine große Tischgesellschaft mehrfach benötigen), dann empfiehlt es sich, dafür mit Pappschablonen zu arbeiten. In dem Fall das Motiv wie oben beschrieben auf Transparentpapier abpausen, dieses dann auf ein Stück dünne Pappe kleben und die Schablone daraus ausschneiden. Im Gegensatz zu den Transparentpapierschablonen sind die Pappschablonen stabiler und dadurch häufiger zu verwenden.

# EINFACHE FALTUNGEN

Es braucht nicht viel, um einen Tisch wirkungsvoll in Szene zu setzen: schönes Geschirr, einen hübschen Blumenstrauß und dekorativ gefaltete Servietten. Hier finden Sie Ideen, die ruck, zuck gefaltet sind und Ihren Esstisch sofort zum Blickfang machen.

# EINFACHE FALTUNGEN

# Geschlungener Palmwedel
→ ein Klassiker neu interpretiert

**1** Die Serviette als Quadrat auf den Tisch legen, sodass dieses auf der Spitze steht, und genau in der Mitte nach oben brechen (Abb. 1).

**2** Dann die Serviette in ca. 2 cm breite Ziehharmonika-Falten brechen (Abb. 2).

**3** Die in Falten gelegte Serviette genau in der Mitte brechen und einen Flügel über den anderen schlingen (Abb. 3 und 4 a).

**4** Zum Schluss die Blüte dekorativ auf die Faltung legen.

**MATERIAL**
- Stoffserviette in Weiß, 50 cm x 50 cm
- Hortensie in Blau

## Variations-Tipp

Für den klassischen Palmwedel führen Sie die äußeren Spitzen so nach oben, dass sich die beiden Flügel oben treffen, und kleben sie ggf. mit doppelseitigem Klebeband zusammen (siehe Abbildung und Faltzeichnung 4 b).

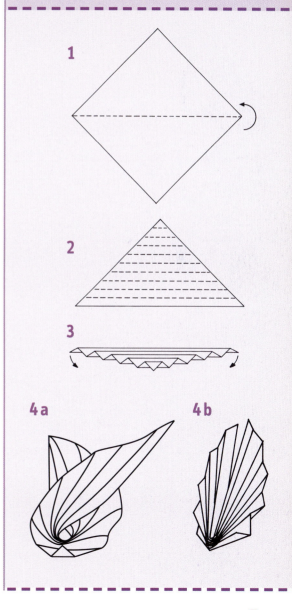

**MATERIAL**
- Vliesserviette in Weiß, 40,5 cm x 40,5 cm
- Quaste in Weiß, ø 3 mm, 50 cm lang

# Einfacher Fächer mit Quaste

→ schnell gemacht

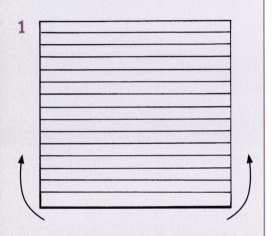

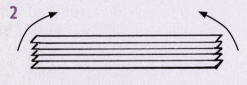

**1** Die Serviette ausgebreitet vor sich hinlegen und von unten nach oben in kleine Ziehharmonika-Falten legen (Abb. 1).

**2** Die Faltung in der Mitte zusammenklappen und den so entstandenen Fächer mit der Quaste zusammenbinden (Abb. 2 und 3).

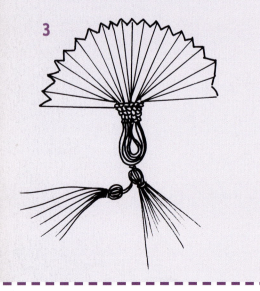

*Einkaufs-Tipp*

Quasten erhalten Sie in verschiedenen Farben und Größen im Kurzwarengeschäft oder Bastelfachhandel.

EINFACHE FALTUNGEN

# Geknickter Fächer

→ raffiniert

**MATERIAL**
- Vliesserviette in Gelb, 40,5 cm x 40,5 cm

1  Die Serviette als Quadrat auf den Tisch legen und ziehharmonikaartig mit einer Faltenbreite von 4 cm abwechselnd fünfmal nach vorne und hinten falten (Abb. 1).

2  Die so gefaltete Serviette diagonal in der Mitte knicken (Abb. 2).

3  Den rechten Teil nach vorne schlagen, den linken nach hinten legen und die Falten auffächern (Abb. 3).

1
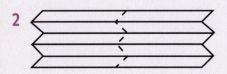

2
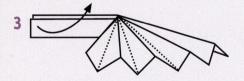

## Falt-Tipp

Wenn der Fächer so nicht gut von alleine steht, dann können Sie ihn auch mit einer Büroklammer zusammenhalten.

EINFACHE FALTUNGEN

# Stehender Fächer
→ für die Festtafel

**MATERIAL**
- Stoffserviette in Weiß, 50 cm x 50 cm

**1** Die Serviette als Quadrat auf den Tisch legen, dabei liegt die linke Seite oben. Dann die Serviette genau in der Mitte nach oben brechen (Abb. 1).

**2** Die Serviette mit der schmalen Seite, also hochkant, auf den Tisch legen und bis knapp über die Mitte in ca. 2 cm breite Ziehharmonika-Falten brechen (Abb. 2).

**3** Mit nach unten liegender Faltung die Serviette genau in der Mitte brechen (Abb. 3).

**4** Das glatte Stück der Serviette diagonal nach unten falten (Abb. 4).

**5** Den überstehenden Teil wieder nach oben falten. Zum Schluss die Serviette auffächern und mit der Spitze nach oben aufstellen (Abb. 5).

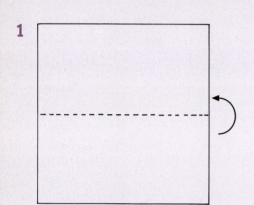
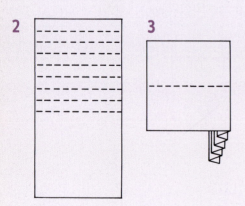
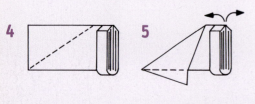

## Variations-Tipp

Wenn Sie den Fächer so aufstellen, dass die Faltung nach vorne zeigt, dann sieht er sofort ganz anders aus (siehe Abbildung).

# EINFACHE FALTUNGEN

**MATERIAL**
- Vliesserviette in Weiß, 40,5 cm x 40,5 cm

# Tafelspitz
→ schnell gemacht

1
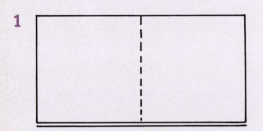

2
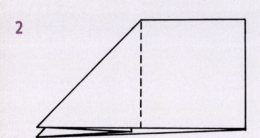

3
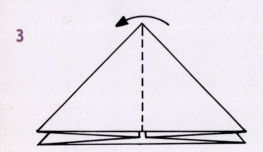

4
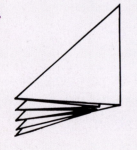

**1** Die Serviette als Quadrat auf den Tisch legen und genau in der Mitte von oben nach unten brechen (Abb. 1).

**2** Die obere linke Ecke zwischen die zwei Lagen zur Mitte hin ziehen (Abb. 2). Auf der rechten Seite ebenso verfahren.

**3** Das Dreieck genau in der Mitte nach links brechen, sodass vier Spitztüten übereinander liegen (Abb. 3 und 4). Den Tafelspitz an der Spitze fassen und aufstellen.

Wenn Sie diese Faltung aus einer Stoffserviette machen wollen, dann sollte sie gut gestärkt sein.

EINFACHE FALTUNGEN

**MATERIAL**
- Vliesserviette mit Rosen-Muster in Rot, 40,5 cm x 40,5 cm

# Mütze mit Umschlag
→ beliebte Faltung

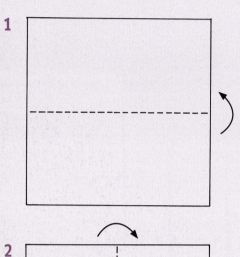
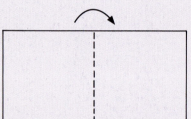
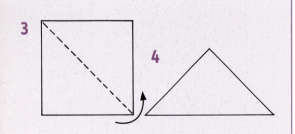

**1** Die Serviette als Quadrat auf den Tisch legen und genau in der Mitte nach oben brechen (Abb. 1).

**2** Dann die Serviette nochmals in der Mitte zur Seite brechen (Abb. 2).

**3** Das Quadrat diagonal nach oben zu einem Dreieck falten (Abb. 3 und 4).

**4** Beide seitlichen Spitzen nach hinten führen und ineinander stecken (Abb. 5 und 6).

**5** Zum Schluss das vordere Dreieck nach unten klappen (Abb. 7).

*Anwendungs-Tipp*

Diese Faltung ist einfach, aber trotzdem sehr attraktiv und bietet sich deshalb gut für große Gesellschaften an.

EINFACHE FALTUNGEN

# Spitzhut

→ einfach, aber wirkungsvoll

**MATERIAL**
- Vliesserviette mit Blumen-Muster in Lachs, 40,5 cm x 40,5 cm

**1** Die Serviette als Quadrat auf den Tisch legen und in der Mitte nach unten brechen (Abb. 1).

**2** Die Mitte markieren und die linke Hälfte als Tüte zur Mitte hin einrollen (Abb. 2).

**3** Die Tüte über die rechte Seite der Serviette rollen, sodass Ecke auf Ecke liegt (Abb. 3).

**4** Die Tüte umdrehen und die untere Spitze nach oben schlagen. Eine Ecke steht frei nach außen (Abb. 4.). Die Faltung etwas ausbeulen und aufstellen.

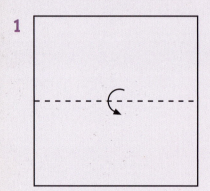

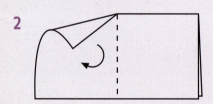

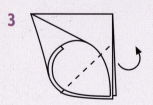

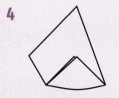

## Variations-Tipp

Diese Faltung kann auch mit jeder Papierserviette gemacht werden. Allerdings wird die Figur dann kleiner.

# EINFACHE FALTUNGEN

## MATERIAL

- Stoffserviette in Weiß, 50 cm x 50 cm

# Lilie

→ festlich

**1** Die Serviette als ein auf der Spitze stehendes Quadrat auf den Tisch legen und genau in der Mitte nach unten brechen (Abb. 1).

**2** Die linke obere Ecke entlang der Mittellinie nach unten brechen. Den Vorgang mit der rechten oberen Ecke wiederholen (Abb. 2).

**3** Die beiden offenen unteren Ecken entlang der Mittellinie nach oben führen (Abb. 3).

**4** Das untere Dreieck bis zur Mitte nach oben brechen, über die Bruchkante der Mitte legen und noch zweimal nach innen falten, sodass ein Dreieck entsteht (Abb. 4, 5 und 6).

**4** Beide seitlichen Zipfel nach hinten nehmen und ineinander stecken (Abb. 7).

**5** Die vorderen Dreiecksspitzen nach unten biegen und in den unteren Rand einstecken (Abb. 8).

## Variations-Tipp

Diese Faltung kann auch problemlos zur Königsschleppe abgewandelt werden. Ziehen Sie in diesem Fall die beiden vorderen Dreiecksspitzen nur nach unten.

EINFACHE FALTUNGEN

**MATERIAL**
- Stoffserviette in Gelb, 40 cm x 40 cm

# Knoten
→ *rustikal*

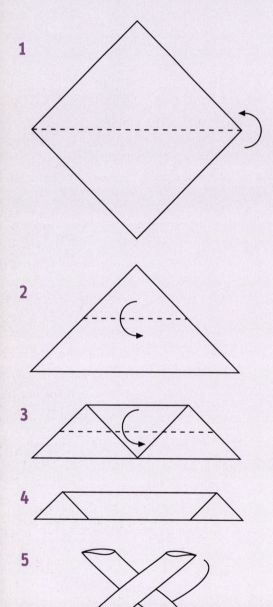

**1** Die Serviette als Quadrat, das auf der Spitze steht, auf den Tisch legen und nach oben zu einem Dreieck brechen (Abb. 1).

**2** Die Spitze des Dreiecks zweimal nach unten brechen, bis ein schmales Band auf dem Tisch liegt (Abb. 2, 3 und 4).

**3** Beide Enden zu einem Knoten verschlingen (Abb. 5).

*Anwendungs-Tipp*

**In diesen Knoten können Sie Besteck oder aber auch Blüten stecken.**

# EINFACHE FALTUNGEN

# Flöte

→ für die Party

**MATERIAL**
- Papierserviette mit Streifenmuster in Bunt, 33 cm x 33 cm

**1** Die Serviette als Quadrat auf den Tisch legen und genau in der Mitte nach oben brechen (Abb. 1).

**2** Die Mitte des Rechtecks markieren. Dazu die Serviette in der Mitte falten und wieder auffalten. Dann die obere linke Ecke diagonal tütenförmig bis zur Mitte aufrollen (Abb. 2).

**3** Die rechte Seite ebenso bis zur Mitte aufrollen (Abb. 3).

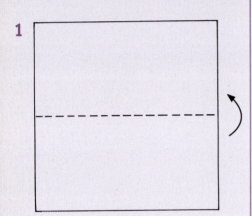
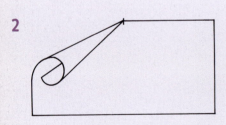
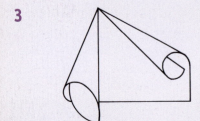

## Anwendungs-Tipp

Besonders schön sieht die Servietten-Flöte aus, wenn Sie sie wie hier abgebildet in ein schlankes, hohes Glas stellen.

# EINFACHE FALTUNGEN

# Schleife

→ verleiht Papierservietten Pfiff

**MATERIAL**
- Papierserviette mit Blümchen-Muster in Weiß, 33 cm x 33 cm
- Dekoband in Pink, 1 cm breit, 50 cm lang

**1** Die Serviette als Quadrat auf den Tisch legen, dabei liegt die Rückseite (= unifarbene Seite) der Serviette oben. Alle vier Ecken zur Mitte hin brechen (Abb. 1 und 2).

**2** Die Mitte zusammenkräuseln, das Dekoband darüber binden und locker verknoten (Abb. 3).

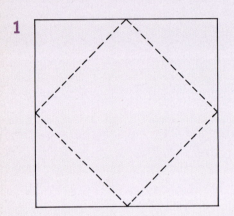
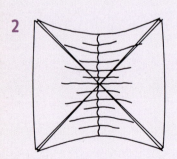
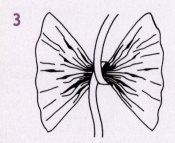

## Variations-Tipp

Auch andere Bänder oder Kordeln sehen zu der Schleifen-Serviettenfaltung sehr schön aus. Wer will, hängt noch ein kleines Namensschildchen an ein Bandende, dann kann die Serviettenfaltung gleichzeitig als Platzkärtchen dienen.

EINFACHE FALTUNGEN

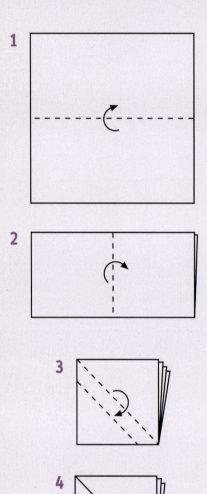
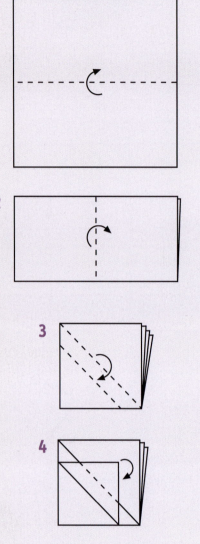

# Bestecktasche
→ raffiniert

**1** Die Serviette als Quadrat auf den Tisch legen, die linke Seite liegt oben. Die Serviette genau in der Mitte nach oben brechen und dann einmal nach rechts (Abb. 1 und 2).

**2** Alle geöffneten Seiten schauen nun nach rechts oben. Die obere Lage zur Hälfte nach unten brechen, dann wieder einmal nach oben brechen und die Spitze über die Hauptdiagonale nach innen stecken (Abb. 3 und 4).

**3** Die folgende Lage einmal nach unten brechen und die Spitze unter das schon gefaltete Teil stecken, sodass zwei übereinander liegende Bänder entstehen (Abb. 5).

**4** Die linke und die rechte Seite nach hinten legen, damit sich ein schmales Rechteck ergibt (Abb. 6 und 7).

## Variations-Tipp

Die Tasche können Sie auch mit einer Blüte, einem Zweig o. Ä. füllen, das sieht auch sehr schön aus.

**MATERIAL**
- Stoffserviette in Creme, 50 cm x 50 cm

# EINFACHE FALTUNGEN

# FESTLICHE FALTUNGEN

Zu besonderen Anlässen gehören auch besondere Serviettenfaltungen. Diese sind zwar etwas aufwändiger zu arbeiten, aber die Mühe lohnt sich. Verzaubern Sie Ihre Festtafel mit der romantischen Lotosblüte oder dem raffinierten Pfau – garantiert ein Hingucker!

FESTLICHE FALTUNGEN

# Lotosblüte
→ erfordert etwas Fingerspitzengefühl

**MATERIAL**
- Stoffserviette in Rosa, 40 cm x 40 cm
- Dahlie in Rosa

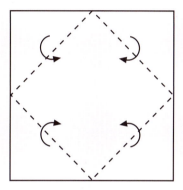

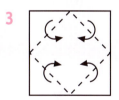

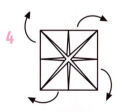

**1** Die Serviette als Quadrat auf den Tisch legen und die vier Ecken zur Mitte hin brechen (Abb. 1). Die Ecken müssen sich genau in der Mitte treffen.

**2** Den Vorgang auf der gleichen Seite wiederholen (Abb. 2).

**3** Die Serviette wenden und die Ecken wieder genau zur Mitte hin brechen (Abb. 3).

**4** Die Spitzen, die unter den Ecken liegen, vorsichtig herausziehen (Abb. 4). Dabei mit den Fingern die Mitte festhalten (siehe Abbildung).

**5** Zuletzt die Dahlie auf die Serviettenfaltung setzen.

**Variations-Tipp**

Statt der Blüte können Sie natürlich auch Süßigkeiten in die Mitte der gefalteten Serviette legen.

31

**MATERIAL**
- Stoffserviette in Rosa, 50 cm x 50 cm

# Pfau
→ wirkungsvoll

**1** Die Serviette als Quadrat auf den Tisch legen, die linke Seite liegt dabei oben. Dann die Serviette in der Mitte nach oben brechen (Abb. 1).

**2** Die Serviette nochmals in der Mitte zur Seite brechen (Abb. 2).

**3** Die obere der vier Lagen an der Spitze beginnend ziehharmonikaartig bis zur Mitte falten (Abb. 3 und 4) und den so entstandenen Fächer fest andrücken.

**4** Die Serviette entlang der senkrechten Mittellinie nach hinten zum Dreieck zusammenfalten (Abb. 5 und 6).

**5** Die freien Enden nach hinten umschlagen und ineinander stecken (Abb. 7). Der Fächer faltet sich dann auf (Abb. 8).

## Variations-Tipp

Wenn Sie die Serviette auf dem Teller etwas drehen, sieht sie ganz anders aus (siehe Abbildung).

# FESTLICHE FALTUNGEN

# Stern

→ für besondere Gelegenheiten

**MATERIAL**
- Stoffserviette in Apricot, 50 cm x 50 cm

**1** Die Serviette als Quadrat auf den Tisch legen, die linke Seite liegt oben. Das obere Viertel nach unten zur Mitte brechen, das untere Viertel nach oben. (Abb. 1 und 2).

**2** Die Serviette wenden und einmal zur Hälfte nach oben brechen (Abb. 3). Die offenen Seiten liegen unten.

**3** Das schmale Band von links nach rechts in ca. 6 cm breite Falten legen, indem die Serviette immer abwechselnd vor und zurück gebrochen wird (Abb. 4).

**4** Die gefächerte Serviette fest am hinteren Ende zusammennehmen. Die Spitzen der tief liegenden Falten der unteren und oberen Stoffkante einzeln nach oben und unten ziehen (Abb. 5 und 6), bis die Kanten dieser Falten an den Bruchlinien der vorstehenden Falten liegen (Abb. 7). Dabei die Serviette jedes Mal, nachdem die Spitzen hervorgeholt worden sind, wieder fest zusammendrücken, damit sich die kleinen diagonalen Knicke der Spitze herausbilden.

**5** Die Serviette wenden (Abb. 8) und auf der hinteren Seite in der gleichen Technik die tiefen Spitzen der Falten entlang der Ober- und Unterkante nach unten und oben ziehen (Abb. 9, 10 und 11). Auch diese Spitzen durch Zusammenpressen der jeweiligen Falten sorgfältig ausarbeiten.

**6** Die fertige Krone aufstellen, indem einfach vorsichtig das obere Teil seitlich auseinander gezogen wird (Abb. 12). Auf der gefalteten Unterkante stehend und von den seitlichen, umgeknickten Ecken der Stofflagen gestützt steht die Krone ohne weitere Hilfe.

### Falt-Tipp

Für diese Faltung sollten Sie auf alle Fälle gut gestärkte Stoffservietten verwenden.

# FESTLICHE FALTUNGEN

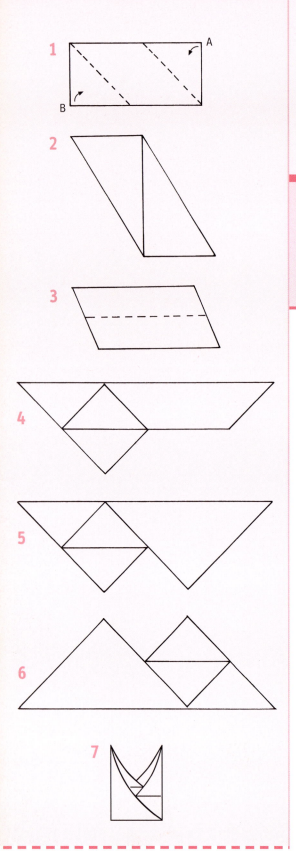

# Hut mit Katzengras

→ originell

**MATERIAL**
- Stoffserviette in Weiß, 50 cm x 50 cm
- Katzengras im Topf, ø 8 cm

**1** Die Serviette als Quadrat auf den Tisch legen und in der Mitte von unten nach oben brechen. Die offene Seite zeigt jetzt nach oben. Dann wie eingezeichnet die Ecke A nach unten und die Ecke B nach oben falten (Abb. 1 und 2).

**2** Die Serviette wenden und so drehen, dass die langen Seiten horizontal liegen. Die Serviette nun zur Hälfte in Längsrichtung nach oben falten (Abb. 3).

**3** Die unten liegende linke Spitze schaut nach unten (Abb. 4).

**4** Die rechte Spitze herausziehen (Abb. 5).

**5** Die Serviette drehen (Abb. 6) und die äußeren Spitzen ineinander stecken (Abb. 7).

**6** Das Katzengras in die Serviette stellen.

## Spar-Tipp

Wenn Sie wollen, können Sie das Katzengras auch selbst ziehen. Sähen Sie dieses ca. 14 Tage vorher ein, damit es für die Dekoration groß genug ist.

FESTLICHE FALTUNGEN

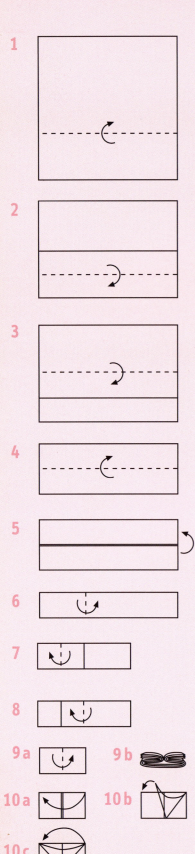

# Krone

→ raffiniert

**MATERIAL**
- Stoffserviette in Weiß, 50 cm x 50 cm

**1** Die geöffnete Serviette als Quadrat auf den Tisch legen, die rechte Seite liegt oben. Das untere Drittel nach oben brechen (Abb. 1).

**2** Die Hälfte des nach oben gebrochenen Drittels nach unten brechen (Abb. 2).

**3** Die obere Kante der Serviette auf die untere brechen (Abb. 3).

**4** Das obere Drittel wieder zur Hälfte nach oben brechen (Abb. 4).

**5** Die Faltung genau in der Mitte nach hinten brechen (Abb. 5).

**6** Jetzt liegen sechs Lagen Stoff ziehharmonikaartig aufeinander. Das linke Drittel nach rechts brechen (Abb. 6) und davon die Hälfte wieder nach links (Abb. 7).

**7** Mit der rechten Seite gegengleich verfahren (Abb. 8, 9 a und 9 b).

**8** Die rechte obere Ecke nach links ziehen, sodass ein Dreieck entsteht. Die rechte obere Ecke des Dreiecks ebenfalls nach links klappen und dieses genau in der Mitte falten (Abb. 10 a, 10 b und 10 c, siehe außerdem Abbildung).

**9** Es öffnet sich das nächste Dreieck. Die Schritte 10 b und 10 c wiederholen, bis kein Dreieck mehr vorhanden ist. Alle Dreiecke der rechten Seite wieder zurückklappen. Mit der linken Hälfte ebenso verfahren.

**10** Alle gefalteten Dreiecke zur Mitte nehmen und die Zacken der Krone gleichmäßig aufstellen.

## Falt-Tipp

Für diese Faltung sollten Sie eine gut gestärkte Stoffserviette nehmen. Damit die aufgestellten Dreiecke in der Mitte zusammenbleiben, können Sie sie von hinten mit einer Büroklammer befestigen.

# FESTLICHE FALTUNGEN

**MATERIAL**
◆ Stoffserviette in Creme, 50 cm x 50 cm

# Dschunke
→ der Aufwand lohnt sich!

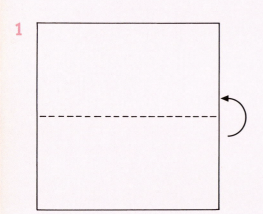

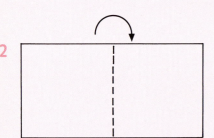

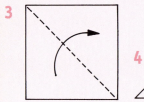

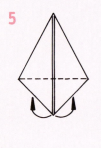

**1** Die Serviette als Quadrat auf den Tisch legen und genau in der Mitte nach oben brechen (Abb. 1).

**2** Dann die Serviette genau in der Mitte von links nach rechts falten (Abb. 2).

**3** Das Quadrat in der Diagonalen falten, sodass ein Dreieck entsteht (Abb. 3).

**4** Die offenen Seiten des Dreiecks zur Mitte hin brechen, sodass sie sich genau in der Mitte treffen (Abb. 4).

**5** Die unteren Spitzen der Raute nach hinten brechen (Abb. 5). Wieder ist ein Dreieck entstanden (Abb. 6).

**6** Das Dreieck entlang der Mittellinie nach hinten brechen. Die Dschunke ist jetzt bereits erkennbar. Nun die vier in der Mitte liegenden Stoffecken nacheinander nach oben ziehen (Abb. 7).

## Variations-Tipp

Diese Faltung sieht auch mit einer gemusterten Vliesserviette sehr schön aus.

FESTLICHE FALTUNGEN

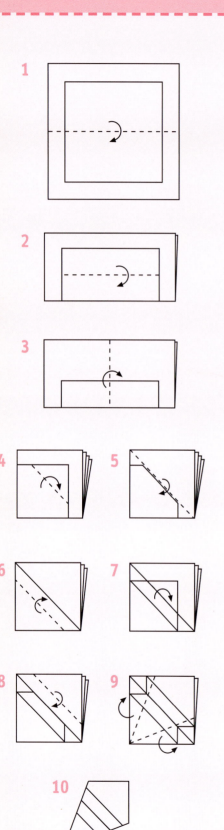

# Serviettentasche
→ aus zwei Servietten gefaltet

**MATERIAL**
- Vliesserviette in Weiß, 40,5 cm x 40,5 cm
- Papierserviette mit Blumen-Muster in Bunt, 33 cm x 33 cm

**1** Die Papierserviette mittig auf die Vliesserviette legen und beide Servietten genau in der Mitte nach hinten brechen (Abb. 1).

**2** Die jetzt oben liegende Papierserviette vorne zur Hälfte nach unten brechen (Abb. 2).

**3** Beide Servietten genau in der Mitte nach rechts brechen (Abb. 3). Alle offenen Seiten schauen nun nach rechts.

**4** Die Spitze der Papierserviette nach innen brechen (Abb. 4).

**5** Zuerst die obere Lage der Vliesserviette nach unten brechen (Abb. 5) und dann einmal zur Mitte hin (Abb. 6).

**6** Davon die Spitze über die Hauptdiagonale nach innen falten (Abb. 7).

**7** Die jetzt obere Lage der Vliesserviette nach unten falten und die Spitze unter das schon gefaltete Teil stecken (Abb. 8).

**8** Die Seiten nach hinten brechen, sodass die Tüte entsteht (Abb. 9 und 10).

*Anwendungs-Tipp*

In die Tasche kann auch eine Blüte oder ein kleines Überraschungspaket als Gastgeschenk gesteckt werden.

FESTLICHE FALTUNGEN

SCHÖNER EINLADEN

# Tischlein deck dich

Zu einem schön gedeckten Tisch gehört natürlich nicht nur eine raffiniert gefaltete Serviette, sondern auch hübsches Porzellan, funkelnde Gläser, eine passende Tischdecke und vielleicht sogar eine selbst gemachte Tischdekoration. Aber was stellt man am besten wo hin? Und in welchen Gläsern serviert man was?

## Was steht wo?

Zuerst stellen Sie die Teller (und darunter ggf. die Platzteller – diese garantieren eine große Wirkung ohne viel Aufwand!) auf den Tisch. Beim Besteck gilt, dass von außen nach innen gegessen wird, d. h. das Besteck, welches für die Vorspeise benötigt wird, liegt weiter außen als das für den Hauptgang. Den Löffel für die Suppe legen Sie am besten mit auf die rechte Seite, das Besteck für das Dessert wird gerne oberhalb des Tellers aufgedeckt. Die Gläser stellen Sie rechts über das Besteck. Bei diesen hängt es natürlich davon ab, was Sie servieren wollen. Vergessen Sie ggf. auch die Menagen, d. h. Salz- und Pfefferstreuer, und die Brotteller mit den kleinen Buttermesserchen nicht – jetzt kann geschlemmt werden!

**An einem edel gedeckten Tisch nimmt jeder gerne Platz**

## Gläser – die Glanzlichter der Tafel

Funkelnde Gläser verleihen jeder Tafel eine festliche Note. Während Wasser-, Saft- und Biergläser meistens kein Problem darstellen, braucht es bei Wein und Champagner doch die richtigen Gläser, damit das Bukett der edlen Tropfen optimal zur Geltung kommt.

- Das Burgunder-Glas ist ein Glas für gehaltvolle wie auch fruchtige Weine.

- Das Rotwein-Glas eignet sich für Rotweine mit kräftigem Bukett. Die Form verjüngt sich nach oben, so kann sich das Bukett dort sammeln.

In geselliger Runde feiert es sich besonders gut

## Die kreative Tischdekoration

- Das Weißwein-Glas hat einen kleineren Kelch als das Rotwein-Glas. Der Grund: Weißwein wird kalt getrunken. Durch den kleineren Kelch erwärmt sich der Wein nicht so schnell.

- Der Sekt-Champagnerkelch eignet sich für Champagner, trockenen Sekt oder Prosecco. In der schmalen Form lässt sich das Spiel der aufsteigenden Bläschen besonders schön beobachten. Bei hochwertigen Gläsern werden sogar so genannte Moussierpunkte eingeschliffen, das sind winzige Raustellen, die Kohlensäure lösen und emporsteigen lassen.

- Die Sektschale ist besonders für Asti, Krimsekt oder Sektcocktails geeignet.

Wer Lust und Zeit hat, der dekoriert den Tisch noch mit einer selbst gebastelten oder liebevoll ausgesuchten Tischdekoration. Für größere Runden empfehlen sich fast immer Tischkärtchen, weil Sie mit einer sorgfältig zusammengestellten Tischordnung dafür sorgen können, dass die Personen nebeneinander sitzen, die genügend gemeinsamen Gesprächsstoff haben – so entwickelt sich Ihre Einladung ruck, zuck zu einer geselligen Runde!

Wer will, gestaltet dazu passende Einladungs- und/oder Menükarten. Ob Sie allerdings so viel Aufwand betreiben wollen oder nicht, hängt natürlich ganz von dem Anlass Ihres Festes ab.

Steht Ihre Einladung unter einem bestimmten Motto, so bietet es sich natürlich an, auch die Tischdekoration danach auszurichten. Laden Sie z. B. zu orientalischen Köstlichkeiten ein und dekorieren Sie Ihren Tisch dazu in kräftigen Pink- und Orangetönen und mit vielen Perlen – Ihre Gäste werden begeistert sein. Dazu passt dann auch der Perlen-Serviettenring von Seite 62 ganz hervorragend! Auch Blumen setzen auf dem Tisch sofort bunte, fröhliche Akzente. Ein selbst gepflückter Strauß Wiesenblumen verzaubert z. B. Ihre Grillparty und üppige Rosen machen jeden Tisch zu einer wahren Festtafel. Achten Sie aber bei den Blumensträußen und -gestecken darauf, dass diese nicht zu groß sind. Ihre Gäste sollten sich bei Tisch immer noch in die Augen sehen können!

Wir wünschen viel Spaß beim Feiern und guten Appetit!

# RAFFINIERT IN FORM

Für die Hochzeit ein Herz, für das Osterfrühstück ein Häschen und für den maritimen Abend einen Fisch – in diesem Kapitel werden die Servietten raffiniert in Form gebracht und zeigen sich als wahre Verwandlungskünstler. Ihre Gäste werden begeistert sein!

# Herz

→ für Hochzeiten oder einen romantischen Abend

## MATERIAL
- Papierserviette in Rot mit Rosen-Muster, 33 cm x 33 cm
- Kordel in Rot, ø 7 mm, 50 cm lang

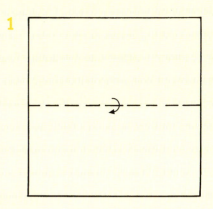

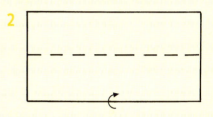

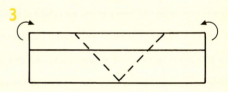

**1** Die Serviette als Quadrat auf den Tisch legen und genau in der Mitte nach unten brechen (Abb. 1).

**2** Die Unterkante des entstandenen Rechtecks so nach oben falten, dass sie etwa 2,5 cm bis 3 cm unterhalb der Oberkante liegt (Abb. 2).

**3** Die Seiten vom Mittelpunkt der Unterkante aus diagonal nach oben falten, sodass die umgefalteten Unterkanten senkrecht über der Mitte liegen (Abb. 3).

**4** Die inneren und äußeren Ecken der Enden nach hinten umknicken und fest ausstreichen (Abb. 4 und 5).

**5** Die Kordel zu einer Schlinge legen und locker über der Serviette drapieren.

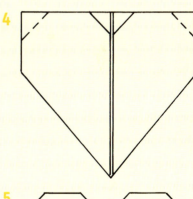

Statt der Kordel sehen auch einzelne Rosenblätter sehr schön aus.

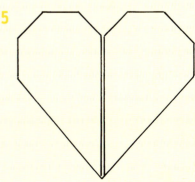

# Hase

→ ideal fürs Osterfrühstück

**MATERIAL**
- Vliesserviette in Beige, 40,5 cm x 40,5 cm

1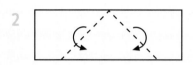

2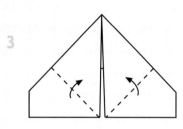

3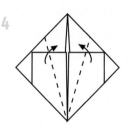

4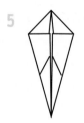

5  6

7  8

1   Die Serviette als Quadrat auf den Tisch legen. Den unteren Teil der Serviette zu einem Drittel nach oben und den oberen Teil zu einem Drittel nach unten brechen (Abb. 1).

2   Beide Hälften der Oberkante zur senkrechten Mittellinie nach unten brechen (Abb. 2).

3   Die rechte und linke untere Ecke zur Mittellinie brechen (Abb. 3).

4   Die rechte und linke Kante zur Mittellinie brechen (Abb. 4).

5   Die Serviette wenden, um 180° drehen und die untere Spitze nach oben brechen (Abb. 5 und 6).

6   Die Figur entlang der senkrechten Mitte zur Hälfte zusammenklappen (Abb. 7).

7   Mit den Daumen in die Ohren fahren und diese etwas drehen und breit drücken.

## Anwendungs-Tipp

Die Hasen-Faltung bietet sich natürlich besonders gut für das Osterfrühstück im Kreis der Familie an. Aber auch Kinder freuen sich am Kindergeburtstag über solch eine „tierische" Serviettenfaltung!

RAFFINIERT IN FORM

# Serviettenschiffchen

→ hier helfen Kinder gerne mit!

**1** Die Serviette als Quadrat auf den Tisch legen. Erst in der Mitte nach rechts (Abb. 1) und dann nach unten brechen (Abb. 2). Die offenen Seiten von dem so entstandenen Quadrat zeigen jetzt alle nach unten.

**2** Die rechte und linke obere Ecke zur Mitte falten, sodass zwei gleich große Dreiecke entstehen (Abb. 3).

**3** Den unteren Teil der Serviette sowohl auf der Vorder- wie auch auf der Rückseite zweimal nach oben falten (Abb. 4).

**4** Die Ecken jeweils nach vorne bzw. hinten falten (Abb. 5).

**5** Die Servietten auf den Kopf drehen und die Ecken zur Mitte hin zusammenschieben. Die Serviette öffnet sich innen und lässt sich wieder zum Dreieck schließen (Abb. 6).

**6** Die offene Spitze auf jeder Seite nach oben falten – so entsteht wieder ein Dreieck (Abb. 7).

**7** Die Spitzen festhalten und auseinander ziehen. In der Mitte erhebt sich nun ein kleines Dreieck (Abb. 8 und 9).

**8** Den Schaschlikstab auf 7 cm kürzen und nach Vorlage das Segel aus Tonkarton ausschneiden. Den Namen auf das Segel schreiben und dieses vorsichtig in das Servietten-Schiffchen stecken.

**9** Eine Mini-Schokoladentafel in ein Stück Serviette einpacken und mit dem Satinband wie ein Päckchen verschnüren. Das lange Ende des Bandes seitlich in den Falz am Bug einkleben.

## Anwendungs-Tipp

Besonders Kinder freuen sich über die süße Fracht des Serviettenschiffchens. Deshalb eignet sich diese Faltung z.B. für einen Kindergeburtstag sehr gut.

**MATERIAL PRO SCHIFF**
- Papierservietten in Blau, 33 cm x 33 cm
- Papierservietten-rest in Weiß
- Schaschlikstab
- Fotokartonrest in Weiß
- Satinband in Weiß, ø 3 mm, 20 cm lang
- kleine Schokoladentafel
- UHU Alleskleber

**VORLAGE SEITE 78**

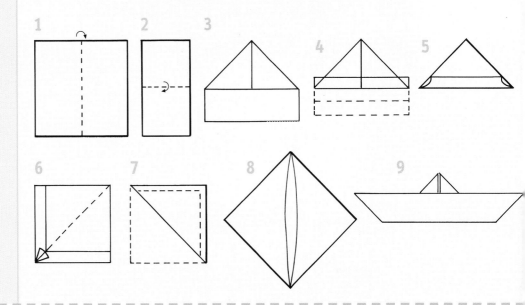

RAFFINIERT IN FORM

## MATERIAL

- 2 Stoffservietten in Weiß, 50 cm x 50 cm
- Alufolie, 49 cm x 49 cm

# Schwan

→ dekorativ, aber etwas zeitaufwändiger

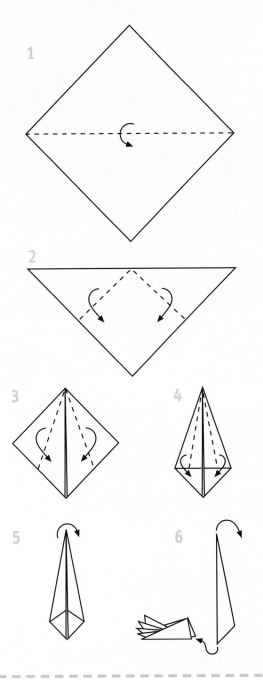

1  Der Schwan besteht aus zwei Faltungen. Zuerst wie auf Seite 40 beschrieben für den Körper des Schwans eine Dschunke falten. Der Kopf wird dann folgendermaßen gearbeitet:

2  Die Serviette als Quadrat, das auf der Spitze steht, auf den Tisch legen. Auf die Serviette die etwas kleiner zugeschnittene Alufolie legen (der Übersichtlichkeit halber nicht mit eingezeichnet). Die Serviette genau in der Mitte brechen, sodass beide Spitzen aufeinander treffen (Abb. 1).

3  Mit den Händen über das Dreieck streichen, damit die Folie darunter schön glatt wird. Dann die beiden seitlichen Ecken diagonal zur Mitte brechen (Abb. 2).

4  Jetzt liegt ein auf der Spitze stehendes Quadrat auf dem Tisch. Dieses wieder mit den Händen glatt streichen. Nun die seitlichen Spitzen des Quadrats diagonal zur Mitte brechen, sodass diese sich in der Mitte treffen (Abb. 3).

5  Wieder glatt streichen. Es liegt jetzt eine Rautenform auf dem Tisch. Die seitlichen Spitzen noch einmal zur Mitte hin brechen (Abb. 4). Die schmale Rautenform in der Mitte zusammenklappen (Abb. 5).

6  Diese Faltung zu einem Schwanenhals biegen und das Ende mit dem Körper verbinden (Abb. 6).

### Falt-Tipp

Für eine bessere Stabilität können Sie Hals und Körper mit Stecknadeln miteinander verbinden.

RAFFINIERT IN FORM

# Hemd und Smoking
### → festlich

**MATERIAL**
- Vliesserviette in Rot, 40,5 cm x 40,5 cm
- Vliesserviette in Weiß, 40,5 cm x 40,5 cm
- Satinband in Schwarz, 1 cm breit, 12 cm lang

1 Zuerst das Hemd falten. Dafür die Serviette als Quadrat auf den Tisch legen und beide Seiten zur Mitte hin brechen (Abb. 1).

2 Die oberen Spitzen rechts und links nach vorne brechen (Abb. 2).

3 5 cm der Serviette oben als Kragen nach vorne brechen, unten 9 cm nach oben (Abb. 3 und 4).

4 Wenden und beide Seiten zur Mittellinie hin brechen (Abb. 5 und 6).

5 Für den Smoking die Serviette als Quadrat auf den Tisch legen, sodass dieses auf der Spitze steht. Genau in der Mitte nach unten brechen (Abb. 7).

6 Die obere Kante für den Schalkragen 2 cm bis 3 cm nach hinten brechen (Abb. 8).

7 Beide Seiten zur Mittellinie brechen, dann den Smoking öffnen. Das gefaltete Hemd einlegen und die seitlichen Spitzen nach vorne unten führen (Abb. 9).

8 Die linke und rechte Seite nach hinten brechen und den unteren Teil nach hinten klappen (Abb. 10).

9 Für die Schleife beide Bandenden von ca. 10 cm Satinband in der Mitte übereinander legen und aufeinander kleben. Die Klebestellen mit dem restlichen Satinband überkleben.

### Spar-Tipp

Sie können hier auch nur den Smoking falten und mit der Schleife verzieren. Das sieht auch sehr schön aus, kostet weniger und braucht weniger Zeit.

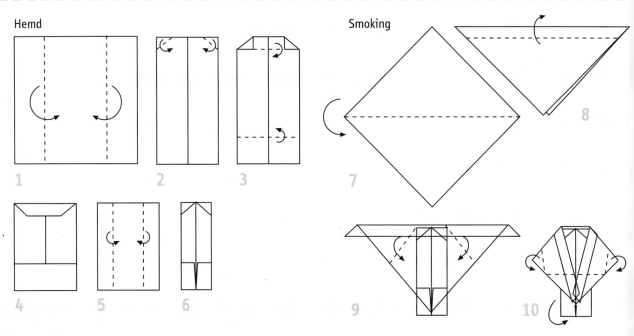

RAFFINIERT IN FORM

# Fisch

→ passt zu Fischgerichten

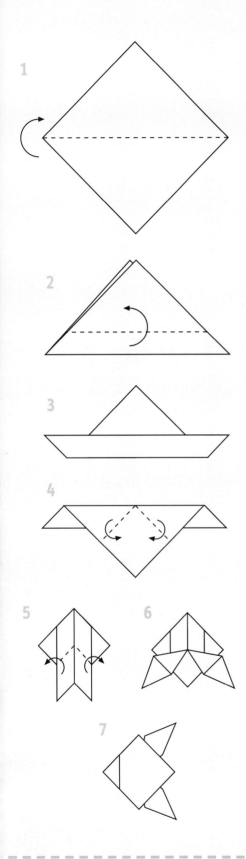

**MATERIAL**
- Stoffserviette in Blau, 40 cm x 40 cm
- Tonkartonrest in Weiß
- Filzstift in Schwarz

**VORLAGE SEITE 80**

1 Die Serviette als Quadrat, das auf der Spitze steht, auf den Tisch legen und genau in der Mitte nach oben brechen (Abb. 1).

2 An der geraden Seite des Dreiecks die Serviette 3 cm nach oben brechen (Abb. 2 und 3).

3 Die Serviette umdrehen und die rechte und linke Spitze des Dreiecks auf die untere Spitze brechen (Abb. 4).

4 Die nach unten weisenden Spitzen als Flossen nach rechts und links brechen (Abb. 5 und 6). Den Fisch umdrehen (Abb. 7) und das aus Tonkarton ausgeschnittene und mit Filzstift angemalte Auge auflegen.

## Variations-Tipp

Statt dem Tonkarton-Auge können Sie auch ein Wackelauge in der Größe des Tonkartons verwenden.

RAFFINIERT IN FORM

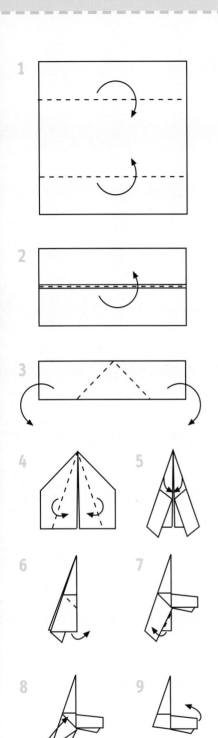

# Stiefel

→ für den Nikolaus oder einfach so

**MATERIAL**
- Vliessserviette in Rot, 40,5 cm x 40,5 cm

**1** Die Serviette als Quadrat auf den Tisch legen. Das obere Viertel nach unten zur Mitte brechen, das untere Viertel nach oben (Abb. 1).

**2** Die Unterkante auf die Oberkante brechen (Abb. 2).

**3** Beide Hälften der Oberkante zur senkrechten Mittellinie nach unten brechen (Abb. 3).

**4** Beide Hälften noch einmal zur Mittellinie brechen (Abb. 4).

**5** Beide Hälften aufeinander legen (Abb. 5).

**6** Die unten liegende Ecke nach oben rechts herum falten (Abb. 6).

**7** Die liegen gebliebene Ecke nach oben falten (Abb. 7 und 8) und in die Falte stecken.

**8** Den Stiefel aufstellen und den Schaft umschlagen (Abb. 9 und 10).

*Anwendungs-Tipp*

Stecken Sie Nüsse, Tannenzweige oder Süßigkeiten in die Öffnung des Stiefels, das sieht besonders hübsch aus.

RAFFINIERT IN FORM

# Oh, Tannenbaum

→ für den Advents-Kaffee
oder das Weihnachts-Essen

1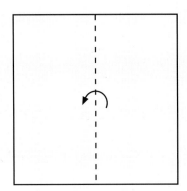

2

3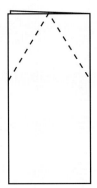

4 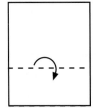 5

**MATERIAL**
- Vliesserviette in Rot, 40,5 cm x 40,5 cm
- Tonkartonrest in Weiß

**VORLAGE SEITE 80**

1 Die Serviette als Quadrat auf den Tisch legen und einmal senkrecht brechen (Abb. 1).

2 Die rechte und linke obere Ecke etwas über die Mitte brechen (Abb. 2).

3 Unterhalb des Dreiecks die Serviette wieder nach oben brechen und dann den größeren Teil wieder nach unten schlagen (Abb. 3 und 4).

4 Die Serviettenseiten an den senkrechten Linien nach innen klappen, sodass der Stamm des Baums entsteht (Abb. 5). Eventuell vorsichtig nachbügeln.

5 Die Sterne nach Vorlage aus Tonkarton ausschneiden und über dem Tannenbaum verteilen.

## Variations-Tipp

Statt der Sterne können Sie auch vorsichtig mit Klebefilm kleine, bunte Schokoladenkugeln als Christbaumkugeln auf die Serviette kleben. Das sieht auch sehr hübsch aus und begeistert vor allem Kinder!

RAFFINIERT IN FORM

# MIT DEM
# GEWISSEN ETWAS

Sie wollen Ihre Servietten nicht nur falten, sondern ihnen durch Serviettenringe und mehr das gewisse Etwas verleihen? Dann ist dieses Kapitel das Richtige für Sie! Mit Binsengras, Perlen oder Prägefolie machen Sie Ihre Servietten zu etwas ganz Besonderem!

# MIT DEM GEWISSEN ETWAS

# Orientalischer Perlen-Serviettenring

→ liegt im Trend

**1** Den Aludraht dreimal kreisförmig zu einem Ring mit ca. 7 cm Durchmesser biegen und an den Enden so mit dem dickeren Golddraht umwickeln, dass er nicht mehr aufspringen kann.

**2** Auf ca. 3 m Golddraht mit ø 0,5 mm abwechselnd Plastikeiswürfel in Gelb und Rot auffädeln. Den Draht in den Zwischenräumen über einem Schaschlikstäbchen locken. Dann den gelockten Draht mit den Eiswürfeln über den Aludraht winden.

**3** Jeweils zwischen zwei Eiswürfeln die Facettentropfen und die Facettenperlen am Ring befestigen. Dazu diese jeweils einzeln zusammen mit wenigen Rocailles auf kurze Stücke Golddraht mit ø 0,3 mm auffädeln und zwischen die Eiswürfel drahten.

## MATERIAL

- ◆ Golddraht, ø 0,3 mm und 0,5 mm
- ◆ Aludraht in Gold, ø 2 mm, 66 cm lang
- ◆ Rocailles in Gold, ø 2,6 mm
- ◆ Plastikeiswürfel mit Loch, 8 x in Gelb und 8 x in Rot, 1 cm x 1,5 cm
- ◆ 2 Facettentropfen in Rot, 2,6 cm x 2,1 cm
- ◆ 4 längliche Facettentropfen in Rot, 4 cm lang
- ◆ 2 Facettenkugel in Rot, ø 2 cm
- ◆ 4 Plastikherzen in Rot, ø 1,2 cm
- ◆ Schaschlikstäbchen
- ◆ ggf. Seitenschneider (um Drähte abzuknipsen; alternativ: alte Schere)

## Variations-Tipp

Dieser Serviettenring sieht auch in Blau- und Grüntönen sehr schön aus!

# Im Japanstil
→ einfach, aber wirkungsvoll

**MATERIAL**
- Vliesserviette in Weiß, 40,5 cm x 40,5 cm
- 2 frische Binsenblätter

**1**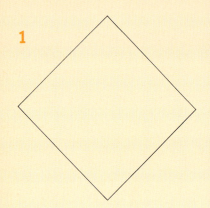

**1** Die Serviette als Quadrat auf den Tisch legen, die Spitze zeigt nach unten. Dann die Serviette von links nach rechts aufrollen (Abb. 1).

**2** Ein Binsenblatt um die Serviette wickeln und verknoten. Das andere Binsenblatt der Länge nach einschieben.

### Anwendungs-Tipp

Die Binsenblatt-Dekoration sieht auch im getrockneten Zustand sehr schön aus (siehe Abbildung), ist dann aber extrem empfindlich!

## MIT DEM GEWISSEN ETWAS

# Mit Lederpapier
→ ausgefallen

**MATERIAL**
- Leinenserviette mit Hohlsaum in Weiß, 30 cm x 30 cm
- Lederpapier in Dunkelbraun, 20 cm x 30 cm
- Lederband in Braun, ø 2 mm, 1 m lang
- Lochzange
- feiner Ölmalstift in Weiß

**1** Die Stoffserviette in der Mitte zusammenfalten.

**2** Aus dem Lederpapier einen Streifen von 9 cm Breite und 27 cm Länge vorsichtig ausreißen und mittig um die Serviette legen. Die Enden einschlagen und mit der Lochzange zwei Löcher einknipsen.

**3** Das Lederband durchziehen. Dazu das Lederband zur Hälfte legen und von unten nach oben durch beide Löcher ziehen. Oben wie abgebildet eine Schlinge knoten, damit das Band nicht wieder zurückrutschen kann. Unter dem unteren Loch das Band ebenfalls mit einem Knoten versehen.

**4** Noch ein kleines Stück Lederpapier von 4 cm x 3 cm Größe ausreißen, lochen und unten an einem Lederbandende befestigen.

**5** Zum Schluss die Initialen des Gastes auf das Lederband schreiben.

**Einkaufs-Tipp**

Das Lederpapier erhalten Sie im gut sortierten Papier- oder Bastelfachhandel.

## MIT DEM GEWISSEN ETWAS

# Edel geprägt

→ immer wieder ein Blickfang

**MATERIAL**
- Stoffserviette in Weiß mit Außenkante in Hellblau, 40 cm x 40 cm
- Filz in Grau, 3 mm stark, 6,5 cm x 18 cm
- Prägefolienrest in Silber
- Präge- oder Bleistift
- UHU Alleskleber kraft
- Filzunterlage (zum Prägen)
- Zackenschere

**VORLAGE SEITE 78**

**1** Die Serviette als Quadrat auf den Tisch legen und in der Mitte nach oben brechen (Abb. 1). Dann die Serviette noch einmal nach oben brechen (Abb. 2), sodass ein Streifen entsteht.

**2** Den Filzstreifen zuschneiden, um die Serviette legen und hinten zusammenkleben.

**3** Aus der Prägefolie nach Vorlage mit der Zackenschere ein Rechteck ausschneiden. Dieses auf die Filzunterlage legen und mithilfe eines Präge- oder Bleistifts die Initialen frei Hand einprägen. Die Prägefolie auf den Filzstreifen kleben.

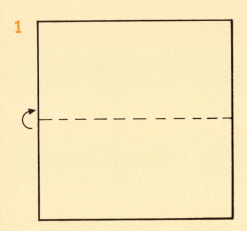

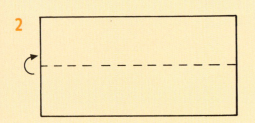

## Variations-Tipp

Sie können natürlich auch Ornamente o. Ä. in die Metallfolie einprägen, das sieht auch sehr hübsch aus!

**MIT DEM GEWISSEN ETWAS**

# Für Romantiker

→ für den italienischen Abend zu Zweit

**MATERIAL**
- Vliesserviette in Rot, 30 cm x 30 cm
- Fotokartonrest in Rot
- Satinband in Grün, 3 mm breit, 1 m lang
- frischer Rosmarinzweig, 30 cm lang
- Cutter
- Lochzange

**VORLAGE SEITE 78**

**1** Die geöffnete Serviette als Quadrat auf den Tisch legen, in der Mitte nach unten brechen, an den Seiten einschlagen und als Dreieck aufstellen (Abb. 1 und 2).

**2** Mit einem Cutter auf beiden Seiten je zwei Schlitze von 1 cm Länge in die Serviette einschneiden (dafür die Serviette ggf. nochmal auffalten) und den Rosmarinzweig einfädeln.

**3** Aus dem Fotokarton nach Vorlage zwei Herzen ausschneiden, lochen und an die Bandenden knoten. Die Herzen nach Wunsch noch beschriften und das Satinband an den Rosmarinzweig knoten.

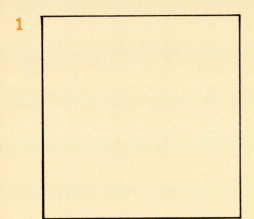

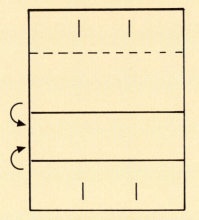

## Variations-Tipp

Statt des Rosmarinzweigs können Sie auch vorsichtig eine Rose durch die Schlitze fädeln.

MIT DEM GEWISSEN ETWAS

# Süße Überraschung
→ verführerisch

**MATERIAL SERVIETTENVERPACKUNG**
- Japanserviette in Hellblau und Pink, ø 33 cm
- Pompon-Gimpe in Hellblau, ø 1 mm, 80 cm lang

**ZUTATEN FÜR DIE APRIKOSENKUGELN** (für ca. 30 Stück)
- 15 entsteinte Trockenaprikosen
- 150 g gemahlene Mandeln
- 2 EL Honig
- 100 g Kokosraspeln

**1** Für die Aprikosenkugeln die Aprikosen in Wasser einweichen. Dann die gemahlenen Mandeln und die abgetropften Aprikosen zusammen mit dem Honig fein pürieren. Die Masse zu einem festen Teig verkneten, mit den Händen kleine Kugeln daraus formen und in den Kokosraspeln wälzen. Im Kühlschrank sind die Aprikosenkugeln ein bis zwei Wochen haltbar.

**2** Jeweils eine Aprikosenkugel in die beiden übereinander gelegten Servietten legen und diese mit der Pompon-Gimpe verschließen.

### Variations-Tipp

Selbstverständlich können Sie auf diese Art und Weise auch fertig gekaufte Süßigkeiten oder andere kleine Gastgeschenke verpacken.

MIT DEM GEWISSEN ETWAS

# Duftig-zarter Schmetterling
→ wunderschön

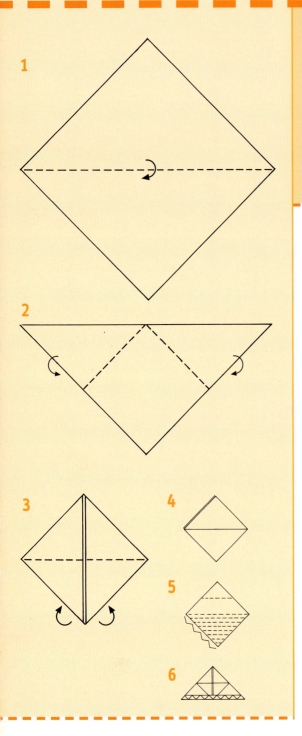

**MATERIAL**
- Papierserviette in Flieder, 33 cm x 33 cm
- Transparentpapierreste in Flieder und in Flieder mit Flora-Motiv
- Silberdraht, ø 1 mm
- 2 Wachsperlen in Weiß, ø 4 mm
- 2 Federn in Weiß
- Mini-Klammer in Silber, 2,5 cm x 8 mm

**VORLAGE SEITE 80**

**1** Die Serviette als Quadrat auf den Tisch legen, sodass dieses auf der Spitze steht. Dann genau in der Mitte nach unten brechen (Abb. 1).

**2** Die äußeren Spitzen so nach unten klappen, dass diese sich in der Mitte treffen. Es ist ein auf der Spitze stehendes Quadrat entstanden (Abb. 2).

**3** Die zwei unten liegenden Zipfel nach oben brechen und die Serviette wenden (Abb. 3 und 4).

**4** Das untere Dreieck in Ziehharmonika-Falten bis zur Mitte knicken (Abb. 5).

**5** Das obere Dreieck zur Mitte nach unten brechen und die Ziehharmonikafalten darauf legen (Abb. 6).

**6** Daran den Schmetterling befestigen.

**7** Für den Papierschmetterling die Flügel aus Transparentpapier einmal in Uni und einmal in Gemustert ausschneiden und aufeinander kleben. Dazwischen die Federn und als Fühler ca. 1,5 cm Silberdraht mit Wachsperlen an den Enden einkleben. Den fertigen Schmetterling auf die Mini-Wäscheklammer kleben.

Die Schmetterlinge sehen auch an Blumen oder Geschenke geklammert sehr hübsch aus!

MIT DEM GEWISSEN ETWAS

# Serviettentasche aus Filz
→ liegt voll im Trend

**MATERIAL**

- Textilfilz in Hellgrün, 4 mm stark, 30 cm x 45 cm
- Textilfilzrest in Mais, 4 mm stark
- Bastelfilzrest in Hellgrün, 1 mm stark
- Glaswürfel in Orange, 6 mm x 6 mm
- Druckknopf in Schwarz, ø 7 mm
- Baumwoll-Perlgarn in Gelb meliert
- Nähseide in Hellgrün
- Nähnadel

**VORLAGE SEITE 79**

**1** Die Blume selbst aus dem Textilfilz, die Blütenmitte aus dem Bastelfilz nach Vorlage ausschneiden.

**2** Von der hellgrünen Textilfilzplatte 15 cm nach oben umschlagen und an beiden Seiten mit Perlgarn im Überwendlingsstich (siehe Skizze) umnähen.

**3** Das obere Drittel der Filztasche nach unten umschlagen und die Blume zusammen mit der Perle auf der Klappe der Servietten-Filztasche mit Nähseide festnähen. Auf der Unterseite der Klappe den Druckknopf befestigen.

Die Filz-Serviettentasche kann seitlich auch mit einem anderen Zierstich zusammengenäht werden.

MIT DEM GEWISSEN ETWAS

# HINWEIS

Manche Vorlagen hier im Buch wurden verkleinert. Diese Vorlagen bitte einfach mit dem angegebenen Vergrößerungsfaktor im Kopiergeschäft kopieren und dann diese Kopien wie normale Vorlagen nutzen.

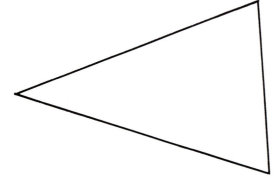

**Serviettenschiffchen**
SEITE 51

**Für Romantiker**
SEITE 71

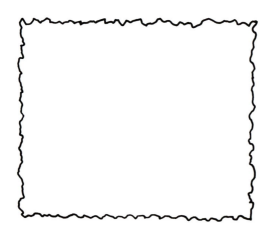

**Edel geprägt**
SEITE 69

# VORLAGEN

**Serviettentasche aus Filz**
SEITE 77

Überwendlingsstich

**Serviettentasche aus Filz**
SEITE 77

bitte auf 200 % vergrößern

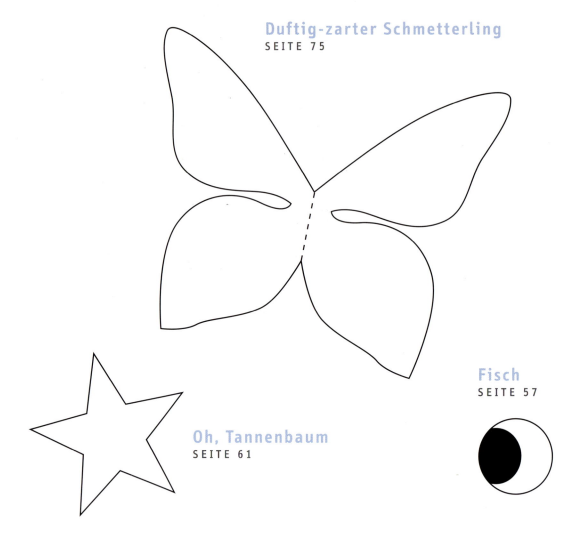

**Duftig-zarter Schmetterling**
SEITE 75

**Fisch**
SEITE 57

**Oh, Tannenbaum**
SEITE 61

## IMPRESSUM

Wir danken der Firma Arzberg-Porzellan GmbH dafür, uns Geschirr für die Fotoproduktion zur Verfügung gestellt zu haben.

MODELLE: Sieglinde Holl (S. 6/7, 10-35, 38-43, 48/49, 52-63, 72-77), Roswitha Oehler (S. 8/9, 36/37, 46/47, 50/51, 64-71)

FOTOS: frechverlag GmbH, 70499 Stuttgart; Fotostudio Ullrich & Co., Renningen (Umschlag und alle Serviettenfaltungen), Mauritius / Stock Image (Party, S. 45)

DRUCK UND BINDUNG: Finidr s.r.o., Cesky Tesin, Tschechische Republik

Materialangaben und Arbeitshinweise in diesem Buch wurden von den Autorinnen und den Mitarbeitern des Verlags sorgfältig geprüft. Eine Garantie wird jedoch nicht übernommen. Autorinnen und Verlag können für eventuell auftretende Fehler oder Schäden nicht haftbar gemacht werden. Das Werk und die darin gezeigten Modelle sind urheberrechtlich geschützt. Die Vervielfältigung und Verbreitung ist, außer für private, nicht kommerzielle Zwecke, untersagt und wird zivil- und strafrechtlich verfolgt. Dies gilt insbesondere für eine Verbreitung des Werkes durch Fotokopien, Film, Funk und Fernsehen, elektronische Medien und Internet sowie für eine gewerbliche Nutzung der gezeigten Modelle. Bei Verwendung im Unterricht und in Kursen ist auf dieses Buch hinzuweisen.

| Auflage: | 7. | 6. | 5. | 4. | 3. | |
|---|---|---|---|---|---|---|
| Jahr: | 2012 | 2011 | 2010 | 2009 | 2008 | [Letzte Zahlen maßgebend] |

© 2005 frechverlag GmbH, 70499 Stuttgart

ISBN 978-3-7724-5247-5
Best.-Nr. 5247